LA PERCEPTION :

L'art de voir au-delà de ce que tu regardes

Copyright © 2025 — Tous droits réservés
Ce livre et l'ensemble de son contenu (textes, illustrations, exercices, jeux, concepts, personnages, scénarios, méthodes) sont protégés par les lois en vigueur relatives à la propriété intellectuelle et au droit d'auteur.
Toute reproduction, représentation, adaptation, diffusion, ou exploitation, totale ou partielle, sous quelque forme que ce soit, sans autorisation écrite préalable de l'auteur, est strictement interdite et pourra donner lieu à des poursuites judiciaires.

Avis juridique
Les informations, conseils, outils et méthodes partagés dans ce livre sont proposés à titre informatif et pédagogique. Ils sont le fruit d'une expertise, d'expériences personnelles et professionnelles, ainsi que de recherches approfondies.
Ils ne constituent en aucun cas un conseil personnalisé, un diagnostic, ni une prescription professionnelle ou médicale. Le lecteur est invité à faire preuve de discernement et à consulter un professionnel adapté à sa situation pour toute question spécifique.

Avis de non-responsabilité
L'auteur et l'éditeur ne sauraient être tenus responsables des interprétations, utilisations ou conséquences liées à l'application des contenus de ce livre.
Chaque lecteur reste pleinement responsable de ses choix, de ses actions et des résultats obtenus à partir des informations partagées. Ce livre a pour seule vocation de favoriser la réflexion, le développement personnel et l'apprentissage ludique.

© **2025 Guillaume Blouin**
Édition : BoD · Books on Demand, 31 avenue Saint-Rémy, 57600 Forbach, bod@bod.fr
Impression : Libri Plureos GmbH, Friedensallee 273, 22763 Hamburg (Allemagne)
ISBN : 978-2-3226-2268-9
Dépôt légal : Mai 2025

PRÉFACE

Tu crois voir.
Mais regarde encore.
...
Là.

Tu as toujours regardé le monde avec tes yeux.
Mais ce que tu vois n'est pas toujours ce qui est.
C'est ce que tu crois. Ce que ton cerveau a construit. Ce que ton histoire t'a soufflé à l'oreille. Ce que ta peur, ton désir ou ton habitude ont filtré pour toi.

Tu crois voir... mais tu regardes à travers des lunettes invisibles.

Tu ne vois pas encore.
Pas vraiment.
Mais tu vas apprendre.

Ce livre n'est pas un simple ouvrage de développement personnel.
C'est une aventure intérieure.
Une exploration de ce qui se passe entre l'événement et ta réaction.
Un voyage dans les coulisses de ton esprit, là où se fabrique ta réalité.
Là où naissent tes jugements, tes émotions, tes décisions.
Là où tu interprètes plus que tu ne constates.

Et si tu apprenais à regarder autrement ?
À prendre du recul, à déjouer tes pièges mentaux, à décoder les intentions cachées, à mieux comprendre l'autre – et toi-même ?
Et si tu devenais un fin observateur du monde... et de ton monde intérieur ?
Parce que oui, tout commence là.
Pas dans les choses.
Mais dans la manière dont tu les perçois.

Ce livre est fait de chapitres courts mais denses, de jeux, d'exercices, de défis concrets et de prises de conscience puissantes.
Tu n'es pas ici pour lire.
Tu es ici pour vivre une transformation perceptive.
Et ça commence maintenant.

Alors vas-y.
Regarde un peu mieux.
Encore.
Là.

Ce que tu vas découvrir n'est pas une nouvelle réalité.
C'est la tienne.
Enfin révélée.

Bienvenue dans l'art de la perception.
Bienvenue chez toi.

Guillaume Blouin
Coach certifié en DISC

SOMMAIRE

INTRODUCTION

- Perception : Pourquoi maîtriser cet art va changer ta vie ?
- Mon histoire personnelle : Comment j'ai découvert la puissance cachée de la perception
- Objectifs et fonctionnement de ce livre interactif

CHAPITRE 1 : QU'EST-CE QUE LA PERCEPTION ?

- Définition simple et efficace de la perception
- Comment ton cerveau construit ta réalité ?
- Perception VS Réalité : Pourquoi chacun voit différemment ?

CHAPITRE 2 : POURQUOI LA PERCEPTION IMPACTE TES RELATIONS ?

- La perception dans tes interactions quotidiennes
- Décoder les malentendus grâce à une meilleure perception
- DISC et perception : comment chaque profil perçoit-il le monde ?

CHAPITRE 3 : AFFINER SA PERCEPTION POUR MIEUX VIVRE

- Développer ton écoute active grâce à ta perception
- Perception et intelligence émotionnelle : le duo gagnant
- Exercices pratiques pour affiner rapidement ta perception

CHAPITRE 4 : PRENDRE DU RECUL : LA CLÉ POUR MAÎTRISER TA PERCEPTION

- Comment identifier et déconstruire tes biais cognitifs ?
- La puissance du recul émotionnel : rester maître de tes réactions
- Techniques avancées pour percevoir les situations avec neutralité

CHAPITRE 5 : PERCEPTION, DÉVELOPPEMENT PERSONNEL ET PERFORMANCE

- Utiliser ta perception pour atteindre tes objectifs
- Comment une perception affinée booste ta prise de décision ?
- Exemples inspirants : Ils ont changé leur vie en changeant leur perception

CHAPITRE 6 : COMMUNIQUER AVEC PERCEPTION

- Développe une communication empathique grâce à une perception affinée
- Les pièges de la perception en communication et comment les éviter
- DISC en action : adapter ta communication à la perception de l'autre

CHAPITRE 7 : DÉVELOPPER UN MINDSET DE PERCEPTION POSITIVE

- L'art de percevoir les opportunités plutôt que les obstacles
- Cultiver la gratitude à travers une perception positive
- Entraînement quotidien pour transformer ta perception durablement

CHAPITRE 8 : ALLER PLUS LOIN : PERCEPTION ET UNIVERS DU DÉVELOPPEMENT PERSONNEL

- DISC, MBTI, Insight, Big Five : Comment ces outils affinent-ils ta perception ?
- Guide pratique : créer ton propre chemin de perception

CONCLUSION

- Ce que la maîtrise de ta perception peut vraiment t'apporter
- Invitation à poursuivre l'aventure : changer le monde grâce à une perception éclairée
- Et maintenant, on continue ?
- Et si tu poursuivais l'aventure ?

NOTES

Carte postale à toi-même

Aujourd'hui, je découvre que je ne vois pas encore les choses telles qu'elles sont.
Je les vois à travers un filtre personnel.

Peut-être qu'il est teinté de peur, de fatigue, de jugements...

Mais à partir de ce jour, je choisis d'apprendre à regarder autrement.
À prendre du recul. À me questionner. À changer de lunettes.

Je reviendrai relire cette carte à la fin du livre... pour voir combien mon regard a évolué.

Note: ....
....
....
....

Signé : ....
Date : ....

INTRODUCTION

Perception : Pourquoi maîtriser cet art va changer ta vie ?

Imagine que tu puisses soudainement voir clairement tout ce que tu ne voyais pas avant. Imagine que chaque interaction, chaque événement, chaque défi devienne limpide, compréhensible et riche d'opportunités. Cet art, c'est celui de la perception. Souvent négligée, la perception façonne pourtant toute ta réalité : tes émotions, tes réactions, tes relations, et même ta destinée.

En maîtrisant ta perception, tu apprends à voir au-delà des apparences, à comprendre réellement les autres et à anticiper les enjeux cachés derrière chaque situation. Plus qu'une simple compétence, c'est une clé fondamentale qui t'ouvre les portes vers une vie plus sereine, plus épanouissante et surtout plus authentique.

Historiquement, les plus grands leaders et penseurs ont toujours eu une perception particulièrement aiguisée. Prenons l'exemple de Nelson Mandela, qui a su percevoir au-delà de la haine et des préjugés, transformant ainsi une nation entière par la réconciliation. Ou encore Albert Einstein, dont la perception unique de l'univers a révolutionné la science et notre compréhension du monde.

Sur un plan plus technique, la perception intervient dans des disciplines aussi diverses que la psychologie cognitive, les neurosciences et même l'art de la négociation. La méthode DISC, par exemple, te permet de mieux percevoir les modes de communication et les motivations des autres, améliorant considérablement tes interactions personnelles et professionnelles. L'écoute active, quant à elle, affine ta capacité à percevoir les émotions et les attentes des autres, te permettant de construire des relations plus profondes et authentiques.

Dans ce livre, tu vas découvrir comment aiguiser cette compétence précieuse, comment transformer radicalement ta façon d'interagir avec le monde, et comment enfin devenir pleinement maître de ta réalité.

Mon histoire personnelle : Comment j'ai découvert la puissance cachée de la perception

J'ai découvert la puissance cachée de la perception à travers plusieurs moments clés de ma vie. Le premier choc est venu d'une expérience professionnelle particulièrement marquante dans le secteur de la restauration.
Je venais d'obtenir un nouveau poste, et on m'avait clairement laissé entendre que j'étais destiné à devenir responsable.
Mais rapidement, j'ai découvert qu'un autre collègue avait reçu un discours très différent.
On lui avait annoncé qu'il ne serait jamais responsable.
Pendant plusieurs mois, j'ai vécu dans une compétition acharnée, persuadé que l'autre était nonchalant et désintéressé.

Le conflit grandissait jusqu'au jour où la direction m'a posé un ultimatum : communiquer ou partir. En discutant avec ce collègue, j'ai réalisé la vérité : notre perception avait été faussée par des discours contradictoires.

Cette expérience m'a appris à ne jamais sous-estimer l'importance de la communication claire et précise dans le monde professionnel.

Par la suite, mes expériences en tant que formateur m'ont révélé à quel point chaque individu possède sa propre perception des choses. Lorsque je donnais des cours magistraux, je constatais que chaque étudiant comprenait le message différemment.
C'est en intégrant le gameplay, les jeux de rôle et les mises en situation pratiques dans mes formations que j'ai compris toute la puissance d'une pédagogie interactive.

La perception individuelle devenait alors une force, car chacun pouvait assimiler les notions à sa manière et à son rythme, rendant l'apprentissage bien plus efficace et rapide.

-

Ma vie personnelle m'a aussi profondément ouvert les yeux sur la puissance de la perception. Ma femme, dont le profil est à l'opposé total du mien, extravertie, expressive et émotionnelle, a bouleversé mes croyances et ma façon de voir le monde.
Sans adaptation de ma perception, j'aurais pu juger négativement ses comportements extravagants ou ses réactions émotionnelles intenses.
Pourtant, en changeant mon regard, j'ai appris à voir toute la beauté et la richesse d'une personnalité différente.

Cette capacité d'adaptation a non seulement enrichi notre relation mais aussi considérablement élargi mon propre univers personnel.

Enfin, mon expérience avec l'équipe de HumanXperience m'a définitivement montré à quel point la perception est essentielle pour créer une véritable complémentarité au sein d'un groupe.

Nous étions quatre personnalités très différentes : une enthousiaste, une orientée résultats, une précise, et une de soutien. Grâce à la formation approfondie sur les profils de comportementaux et les perceptions individuelles, nous avons appris à mieux communiquer et interagir ensemble, faisant de nos différences une formidable source d'efficacité et d'innovation.

-

Chacune de ces histoires a été déterminante pour moi, m'enseignant une leçon essentielle :

La perception n'est pas qu'un simple outil.

C'est une compétence transformatrice, capable de changer profondément ta vie personnelle et professionnelle.

Objectifs et fonctionnement de ce livre interactif

Ce livre est conçu pour te permettre de maîtriser l'art de la perception à travers des objectifs précis et concrets : mieux communiquer, prendre des décisions éclairées, développer une empathie profonde, améliorer tes relations interpersonnelles, et gérer efficacement tes émotions. En modifiant ta perception, tu expérimenteras un réel changement intérieur : une prise de conscience profonde, une plus grande ouverture d'esprit, et une amélioration notable de tes compétences relationnelles et émotionnelles.

Ce livre s'adresse à un large public : étudiants, managers, entrepreneurs, passionnés de développement personnel et toute personne désireuse de vivre mieux, communiquer efficacement et s'épanouir pleinement dans ses relations.

Pour faciliter ton apprentissage, ce livre propose un fonctionnement interactif, ludique et pratique, comprenant régulièrement et à chaque chapitre des exercices concrets, des jeux immersifs, des QCM de validation, des pages de réflexion personnelle et des défis stimulants.

L'objectif est que tu puisses directement appliquer ce que tu apprends pour ancrer durablement ces compétences dans ta vie quotidienne.

Cette interactivité renforcée t'assure un apprentissage dynamique, vivant et adapté à ton rythme personnel.

CHAPITRE 1 : COMPRENDRE LA PERCEPTION

Partie 1 – Qu'est-ce que la perception ?

Imagine qu'on discute, là, maintenant, en face-à-face.
Je te regarde dans les yeux, calmement, et je te dis :

*« Tu ne vois pas le monde tel qu'il est.
Tu le vois tel que toi, tu es. »*

Tu t'arrêtes. Tu te dis :
"C'est beau… mais qu'est-ce que ça veut dire concrètement ?"
Alors, laisse moi t'expliquer.

La perception, ce n'est pas ce que tu vois. C'est comment tu interprètes ce que tu vois. Ce n'est pas ce que tu entends. C'est ce que tu crois que ça signifie.

C'est un assistant invisible dans ton cerveau qui te chuchote à l'oreille : "Voilà ce qui se passe."
Sauf que parfois… cet assistant n'a pas toutes les infos. Alors il comble les trous.

Il interprète. Il brode. Et il te vend sa version comme une vérité absolue

Chaque jour, tu vis dans une interprétation. Pas dans une réalité brute. Ton cerveau filtre tout ce que tu ressens à travers tes lunettes mentales :

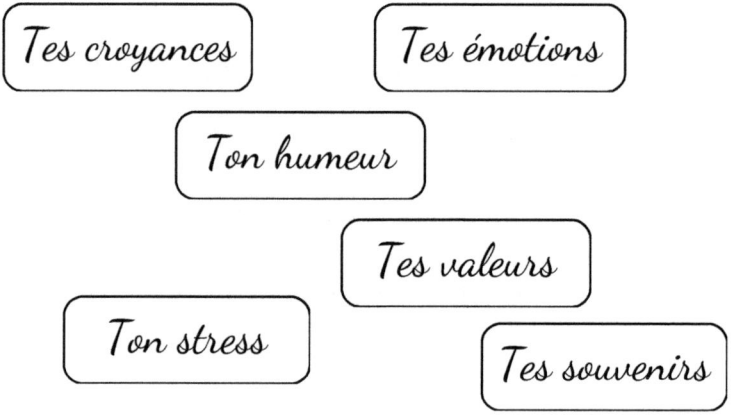

Et ces filtres te donnent ta propre version du monde. Une version unique.

Deux personnes assistent à la même scène : un conducteur pile sur un passage piéton.

L'une pense : "Quel danger public !"
-
L'autre : "Il a peut-être un problème urgent."

Même situation.
Deux réalités mentales.
Deux émotions différentes.
Deux décisions qui peuvent changer une vie.

Et maintenant, imagine si tu pouvais apprendre à voir ce que ton cerveau ne t'a jamais montré...

C'est exactement ce que ce livre va t'apprendre à faire : élargir ton regard, aiguiser ta lucidité, reprendre le pouvoir sur ce que tu crois être la réalité.

Jeu

Fiction Intérieure

Lis les phrases suivantes et sépare les **faits objectifs** de l'**interprétation mentale** :

1. Mon collègue a levé les yeux au ciel quand j'ai parlé. Il me méprise.
2. Elle est sortie de la réunion avant la fin. Elle s'en fout de notre projet.
3. Il m'a répondu par un seul mot. Il est forcément énervé.

Réécris ces phrases :

Fait = Ce qui est visible, neutre
Histoire = Ce que ton cerveau a ajouté

Résultat : Tu prends conscience que dans 90% des cas, tu réagis à une fiction intérieure.

Illusion Mentale

Le cube de Necker

Imagine un cube en perspective.

Selon ton regard, la face avant change.
Haut ou bas ?
Tu peux passer de l'un à l'autre... sans rien modifier à l'image.

Ce qui change, ce n'est pas le dessin. C'est ton point de vue.

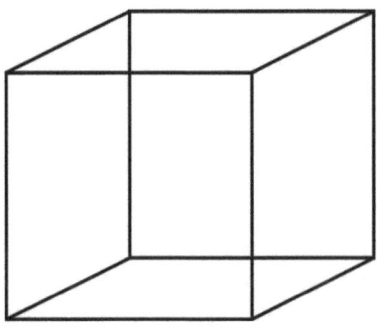

Et si c'était pareil dans ta vie ?

Lunettes Mentales

Dans quelles situations as-tu tendance à interpréter rapidement ?

....

Te souviens-tu d'un moment où tu t'es trompé(e) sur l'intention de quelqu'un ?

....

Quels filtres sont les plus présents dans ton regard ? (Peur ? Doute ? Besoin d'être aimé ?)

....

Observe maintenant une même scène autour de toi avec différente lunettes* de couleurs différentes.
La scène change !

Il en est de même pour les situations que tu as cités.

*Utilise des lunettes de couleurs pour encore plus d'immersion

Partie 2 – Comment ton cerveau construit ta réalité ?

Tu crois que ton cerveau filme la réalité. Mais non. Il la **monte**.
Il coupe. Il recolle. Il amplifie certains sons. Il en atténue d'autres. Il te fait un **remix sur-mesure**.

Tu penses voir toute la pièce ? Ton cerveau a complété ce qu'il n'a pas vu. Tu crois que tu entends toute la phrase ?
Il a zappé une partie.

Pourquoi ? Parce que tu es bombardé(e) d'informations.
Des millions chaque seconde.
Et ton cerveau a une mission : aller vite et survivre.
Donc il **triche** intelligemment.

-

Et il fait ça grâce à trois outils :

- **La mémoire** : ce que tu as déjà vécu oriente ce que tu vois maintenant.
- **L'émotion** : ce que tu ressens colore ce que tu perçois.
- **Les croyances** : ce que tu crois vrai agit comme un filtre automatique.

Résultat : Tu ne réagis pas à ce qui est.
Tu réagis au **montage mental** que ton cerveau a fait.

Jeu

Focus !

Regarde autour de toi pendant 10 secondes.

Ferme les yeux.

Combien d'objets rouges as-tu vus ?

....
....
....

Tu bloques ? Normal.
Tu n'étais pas focalisé dessus.

Ce que tu cherches, tu le vois.
Ce que tu ignores, tu le rates.

<u>Moralité</u> : déplace ton focus... et ta réalité change.

Fiche de réfléxion

Quelle scène récente m'a fait réagir fortement ?
....
....
....

Qu'est-ce que j'ai vraiment vu ? Qu'est-ce que j'ai imaginé ?
....
....
....

Est-ce que mes émotions ont amplifié la situation ?
....
....
....

Quelle croyance m'a influencé(e) ?
(ex : "Je ne suis pas écouté",
"On me juge", "Je dois être parfait")
....
....
....

Partie 3 – Perception VS Réalité : Pourquoi chacun voit différemment ?

Tu crois que les gens réagissent à ce que tu dis ?
Faux.
Ils réagissent à ce qu'**ils ont perçu** de ce que tu dis.
Et souvent, ce n'est pas la même chose.

Ce que tu vis, ce n'est pas "ce qui est arrivé".
C'est ce que ton cerveau a compris, retenu, et ressenti.

-

Imagine que tu es au théâtre, la scène est la même.
Mais selon ta position dans la salle, tu ne vois pas les mêmes choses. Et maintenant, imagine que tout le monde dans la salle pense avoir vu LA vérité.
Tu saisis le souci ?

-

<u>Exemple</u> : Tu dis "Tu peux faire mieux."

Un profil D : "OK, je vais me booster."
Un profil I : "Tu me critiques ?"
Un profil S : "J'ai déçu..."
Un profil C : "Je veux un plan d'action précis."

Même phrase. Quatre mondes intérieurs différents.

Et maintenant, imagine la puissance que tu peux débloquer quand tu intègres cette réalité dans tes relations.

Tu deviens plus patient. Plus fin. Plus impactant.

Parce que tu ne parles plus seulement pour être entendu.

Tu parles pour être compris.

Et ça... ça change tout !

Jeu

Entraîner la conscience visuelle

Regarde une scène pendant 30 secondes (rue, film, tableau...).

Écris tout ce que tu as perçu.

....
....
....
....
....
....
....
....
....
....

Reviens sur la scène et vérifie ce que tu as oublié ou inventé.

Tu seras surpris de voir à quel point ta mémoire reconstruit.

Jeu

Perception ou Réalité ?

Invente une petite histoire de 3 phrases.
....
....
....

Écris 2 versions :

Une « perçue » (interprétation subjective)
....
....
....

Une « réelle » (faits neutres)
....
....
....

Demande à quelqu'un de deviner laquelle est laquelle.

QCM

"À quel point ta perception t'arnaque ?"

Réponds honnêtement :

<u>Quand quelqu'un ne te répond pas tout de suite :</u>

A : Il me ghoste (1 pt)
B : Il est sûrement occupé (2 pts)
C : Il me prépare une surprise (3 pts)

<u>Tu entends quelqu'un rire juste après ton passage :</u>

A : Il/elle se moque de moi (1 pt)
B : C'est sûrement une coïncidence (2 pts)
C : Ils ont de l'humour, j'aime ça (3 pts)

<u>Tu fais une erreur en public :</u>

A : Je meurs intérieurement (1 pt)
B : Bon, tout le monde en fait (2 pts)
C : J'en rigole, ça m'humanise (3 pts)

<u>Moins de 4 pts</u> : Tu réagis souvent à ton film intérieur
<u>5-6 pts</u> : Tu alternes entre lucidité et interprétation
<u>7+ pts</u> : Tu as déjà une perception bien affûtée !

NOTES

NOTES

NOTES

CHAPITRE 2 : POURQUOI LA PERCEPTION IMPACTE TES RELATIONS ?

Partie 1 – La perception dans tes interactions quotidiennes

Tu crois qu'on t'écoute. Tu crois que tu as été clair.
Tu crois que ce que tu dis est reçu tel que tu l'as dit.
Mais non. Pas toujours.

Tu dis un mot, l'autre entend un jugement.
Tu poses une question, l'autre perçoit une attaque.
Tu te tais, l'autre pense que tu t'en fiches.

Et pourtant... tu n'as rien dit de mal.

Le problème ne vient pas de ce qui a été dit, mais de ce qui a été perçu.

Bienvenue dans le monde fascinant – et parfois épuisant – de la perception relationnelle.

C'est ici que tout commence.

-

Et que tout peut se déformer.

La scène du quotidien :
Même décor, perception différente

Exemple concret :
Deux collègues, Clara et Mathieu sont en réunion.
Clara propose une idée. Mathieu lève les yeux au ciel.

Clara pense : "Il me méprise."
Mathieu pense : "Tiens, cette idée n'est pas alignée avec notre stratégie."

Un froid s'installe.
Et une simple perception erronée devient une micro-fracture relationnelle.

Ce qui compte, ce n'est pas ce que tu dis. C'est ce que l'autre comprend.

-

Tu peux être clair dans ta tête. Mais ton message, lui, passe à travers une série de filtres :

Émotionnels	*De Personnalité*
Contextuels	*Culturels*

Résultat : le message est transformé. Et si tu ne le sais pas… tu te retrouves à gérer un conflit que tu n'as pas provoqué.

Ce que le DISC nous apprend sur la perception dans les relations.

Chaque profil DISC filtre et interprète différemment :

D : résultat, efficacité, rapidité
I : lien, chaleur, enthousiasme
S : sécurité, harmonie, prudence
C : logique, rigueur, structure

Mieux tu connais ces filtres, plus tu peux t'adapter et prévenir les malentendus.

-

Le DISC kesako ?

C'est une méthode de profiling qui aide à comprendre les différents profils comportementaux et les styles de communication.

Envie d'en savoir plus sur ?
ça tombe bien, j'écris justement un livre sur le DISC !

Alors...
(RDV *dans les dernières pages du livre :p*)

Partie 2 – Décoder les malentendus grâce à une meilleure perception

Tu expliques quelque chose clairement... et l'autre réagit mal.
Tu te dis : "Mais ce n'est pas ce que j'ai voulu dire !"
Le fossé ?
La perception. Toujours elle.

Le malentendu : un dialogue entre deux réalités
Chacun porte ses lunettes mentales :
émotion
vécu
attentes
personnalité

Et parfois, ce que tu dis traverse un brouillard perceptif avant d'arriver à destination.

Exemple : Emma demande à Julien de détailler sa méthode.
Elle veut clarifier. Il entend une critique.
Il se braque. Elle pense qu'il est susceptible.
Et le lien se fragilise.

Les ingrédients d'un bon malentendu :
Intention floue
Ton mal calibré
Émotion non reconnue
Filtre d'interprétation actif

Questions magiques à se poser avant de réagir :
Est-ce que je réagis à un fait... ou à mon interprétation ?
Qu'est-ce que l'autre a vraiment dit ?
Quelle hypothèse positive puis-je envisager ?

DISC et malentendus – Les pièges typiques

Profil	Malentendu typique	Réaction	Clé de résolution
D	Trop sec	Défense	Clarifier l'intention
I	Trop léger	Fuite / blessure	Revaloriser
S	Trop silencieux	Retrait	Douceur / verbalisation
C	Trop pointilleux	Agacement	Recentrage / logique

Partie 3 – DISC et perception : comment chaque profil perçoit-il le monde ?

Le DISC est une carte de lecture...
mais aussi une carte de perception.

Chaque profil porte des lunettes bien spécifiques :

D – Terrain stratégique
Cherche l'impact, l'efficacité, la rapidité
Peut percevoir lenteur = faiblesse

I – Lien social
Cherche la reconnaissance, le fun
Peut percevoir un ton neutre = rejet

S – Espace à sécuriser
Cherche l'harmonie, fuit le conflit
Peut percevoir un ton direct = agression

C – Système logique
Cherche la cohérence, la structure
Peut percevoir l'improvisation = menace

-

Mise en situation : "On va changer de méthode lundi."

D : OK, quel est le nouvel objectif ?
I : Et l'ambiance ? Trop cool ! Qui a décidé ?
S : Pourquoi si vite ? On aurait pu prévenir...
C : Où est la procédure ? Est-ce testé ?

Jeu

Téléphone émotionnel

À faire à plusieurs

- La première personne chuchote une phrase neutre.
- Chaque personne ajoute une émotion en la transmettant (stress, peur, joie…).
- La dernière répète à voix haute ce qu'elle a entendu et ressenti.

<u>Résultat</u> : *la perception émotionnelle change le message plus vite que les mots.*

Décodage express Disc

Observe une personne (vidéo YouTube ou réelle).

Note ses réactions, son style de communication, son niveau d'énergie.

Devine son profil DISC… puis demande-lui ou vérifie.

QCM

"Quel filtre de perception te sabote tes relations ?"

Réponds honnêtement :

Ton collègue ne te dit pas bonjour :

A : Il m'en veut (1 pt)
B : Il n'a pas vu (2 pts)
C : Il est dans sa bulle (3 pts)

Ton/ta partenaire ne réagit pas à ton message :

A : Il/elle s'en fout (1 pt)
B : Il/elle a peut-être oublié (2 pts)
C : Ça arrive, je vais relancer (3 pts)

Quelqu'un te fait une remarque directe :

A : Il m'attaque (1 pt)
B : Il dit ce qu'il pense, c'est tout (2 pts)
C : Je peux creuser, il y a sûrement un fond utile (3 pts)

3-4 pts : Ton filtre émotionnel est très actif
5-6 pts : Tu t'interroges, c'est bien
7-9 pts : Tu es un.e ninja de la perception relationnelle

NOTES

NOTES

NOTES

CHAPITRE 3 : AFFINER SA PERCEPTION POUR MIEUX VIVRE

Partie 1 – Développer ton écoute active grâce à ta perception

Tu crois que tu sais écouter ? Peut-être. Mais écouter activement, consciemment, avec attention et perception, c'est un art.

L'écoute active, ce n'est pas juste entendre. C'est comprendre ce qui est dit, ce qui n'est pas dit, et ce qui est ressenti. C'est capter les nuances, les non-dits, les émotions entre les lignes. Et pour ça, tu dois affûter ta perception.

« On n'écoute pas avec les oreilles, on écoute avec tout son être. »

L'écoute active est l'outil de base de toute relation authentique. Et sans perception affinée, elle reste superficielle.

Quand tu écoutes vraiment, tu poses des questions, tu valides les compréhensions, tu laisses de l'espace à l'autre.

Tu ne cherches pas à répondre, tu cherches à ressentir.
Et ça, ça change tout.

« Est-ce que j'écoute pour comprendre ou pour répondre ? »

Cette question devrait être ton mantra.

Une perception affinée te permet de détecter les incongruences entre le verbal et le non verbal.

De sentir quand quelqu'un est en accord avec ses mots, ou quand il joue un rôle.

Tu deviens un décodeur vivant. Et les gens le sentent.
Ils se sentent vraiment écoutés. Et ça crée une alchimie puissante.

Partie 2 – Perception et intelligence émotionnelle : le duo gagnant

L'intelligence émotionnelle, ce n'est pas juste être gentil ou à l'écoute. C'est savoir écouter, identifier, comprendre et gérer les émotions – <u>les tiennes et celles des autres.</u>

Et sans perception affinée, impossible d'y accéder pleinement.
Tu ne peux pas réguler une émotion que tu n'as pas identifiée.
Tu ne peux pas comprendre un ressenti que tu n'as pas perçu.
Tu ne peux pas désamorcer un conflit si tu ne vois que la surface.

C'est là que la perception entre en jeu.

Quand tu affines ton regard, tu détectes plus vite la peur derrière l'agressivité, la tristesse derrière le silence, la demande d'amour derrière une critique.

Et tu réagis autrement. Tu ne réagis plus. Tu choisis ta réponse.

« Entre le stimulus et la réponse, il y a un espace. Dans cet espace réside notre pouvoir de choisir notre réaction. »
Viktor Frankl

La perception te donne accès à cet espace.

Et dans cet espace, tu deviens libre. Libre de ressentir, libre de comprendre, libre de transformer.

C'est le **duo gagnant** : <u>perception</u> + <u>intelligence émotionnelle</u> = **puissance relationnelle.**

Partie 3 – Exercices pratiques pour affiner rapidement ta perception

Le jeu des 3 ressentis : Chaque jour, choisis une interaction.
Note ce que la personne dit, ce qu'elle semble ressentir, et ce que tu ressens toi.

- **L'observation silencieuse** : Passe 5 minutes par jour à observer une scène sans juger, sans analyser. Juste observer et noter les détails visibles et invisibles.

- **Le challenge des micro-expressions** : Regarde une vidéo d'interview sans le son. Note ce que tu perçois comme émotions. Puis regarde avec le son. Compare.

- **Le miroir perceptif** : Demande à un proche de décrire comment il te perçoit dans une situation précise. Écoute sans te justifier. Juste recevoir.

- **Le filtre inversé** : Quand tu vis une situation déstabilisante, demande-toi :
« Comment un autre profil DISC vivrait-il ça ? »

<u>La perception est un muscle</u>.
Et comme tout muscle, elle se travaille. Régulièrement.
Avec légèreté et profondeur.

Jeu

Le radar émotionnel

<u>Choisis une personne de ton entourage.</u>

Lors d'une interaction, note intérieurement :

- Ses micro-expressions
- Son langage corporel
- Les mots qu'elle utilise spontanément

Essaie d'identifier son état émotionnel réel... avant qu'elle ne le dise.

Bonus : *vérifie avec elle après. Tu risques d'être surpris(e) — dans un sens ou dans l'autre.*

Jeu

Les oreilles actives

<u>But</u> : entraîner ton écoute profonde

Lors d'une conversation, **concentre-toi à 100%** sur l'autre.

Ne pense pas à ta réponse.

Après 2 minutes, reformule ce que l'autre a dit.

Demande-lui si c'est fidèle à son intention.

<u>Résultat</u> : *plus tu écoutes, plus ta perception devient fine et juste.*

QCM

"Quelle est ta capacité à percevoir les autres ?"

Réponds honnêtement :

<u>Tu remarques que ton ami parle plus vite que d'habitude :</u>

A : Bizarre… il doit cacher quelque chose (1 pt)
B : Il est peut-être stressé ou pressé (2 pts)
C : Je vais lui demander comment il va (3 pts)

<u>Tu entends quelqu'un dire "ça va" avec un ton neutre :</u>

A : Il a dit que ça allait, donc tout roule (1 pt)
B : Ça dépend, j'ai entendu un petit flottement (2 pts)
C : Le ton ne collait pas aux mots… il y a autre chose (3 pts)

<u>Quelqu'un t'interrompt plusieurs fois :</u>

A : Il est mal élevé (1 pt)
B : Il est sûrement enthousiaste ou distrait (2 pts)
C : Peut-être qu'il a peur de ne pas être entendu (3 pts)

<u>3-4 pts</u> : Ton écoute est plutôt centrée sur toi
<u>5-6 pts</u> : Tu développes une vraie attention
<u>7-9 pts</u> : Tu es une éponge perceptive (dans le bon sens !)

NOTES

NOTES

NOTES

CHAPITRE 4 :
PRENDRE DU RECUL –
LA CLÉ POUR MAÎTRISER TA PERCEPTION

Partie 1 – Comment identifier et déconstruire tes biais cognitifs ?

Ton cerveau est une machine à simplifier.
Et dans cette simplification, il crée des raccourcis.
Ces raccourcis, ce sont les **biais cognitifs**.

Ils t'aident à prendre des décisions rapides… mais ils peuvent aussi fausser ta perception, ton jugement, et ton comportement.

Un biais cognitif, c'est une **erreur de traitement de l'information**… invisible, mais puissante.

<u>Voici quelques biais parmi les plus fréquents</u> :

- **Le biais de confirmation** : tu ne vois que ce qui confirme ce que tu crois déjà.

- **Le biais de disponibilité** : tu crois qu'un événement est fréquent parce que tu l'as entendu récemment.

- **Le biais d'ancrage** : ta première impression devient ton repère, même si elle est fausse.

- **Le biais d'attribution** : tu expliques ton comportement par les circonstances... mais celui des autres par leur personnalité.

Identifier tes biais, c'est **reprendre le pouvoir**.
C'est arrêter de réagir en pilote automatique.
C'est remettre en question tes certitudes, non pour te fragiliser, mais <u>pour t'ouvrir</u>.

Et c'est un acte de courage.

La perception, ce n'est pas "voir juste",
c'est **"voir avec lucidité"**.

Partie 2 – La puissance du recul émotionnel : rester maître de tes réactions

Quand une émotion surgit, elle peut te submerger. Tu te sens en colère, blessé, frustré, envahi. Et tu réagis. Tu exploses. Tu t'éteins. Tu te défends. Tu fuis.

Mais si tu prends du recul... tu gagnes.

Le recul émotionnel, c'est la capacité à observer l'émotion sans s'y noyer.
À dire : « Ok, je ressens ça... mais je ne suis pas obligé d'agir tout de suite. »

L'émotion est une donnée. Pas une commande.

La perception affinée te permet de reconnaître l'émotion, de la nommer, de l'accueillir, puis de choisir :

- Est-ce que je veux en parler ?
- Est-ce que je dois prendre une décision maintenant ?
- Est-ce que je peux respirer et revenir plus tard ?

C'est dans ce recul que se construit ta **puissance intérieure**. Et ce recul, tu peux l'entraîner. Chaque fois que tu diffères une réaction impulsive, tu gagnes en maîtrise.

Et chaque fois que tu fais ça,
tu transformes ta perception... et donc ta réalité.

Partie 3 – Techniques avancées pour percevoir les situations avec neutralité

- **La reformulation miroir** : Avant de répondre à quelqu'un, reformule ce que tu crois avoir compris. Cela t'évite de répondre à côté... ou à ton propre film intérieur.

- **L'auto-questionnement éclair** : Quand une émotion forte surgit, pose-toi :
  - Est-ce un fait ou une interprétation ?
  - Qu'est-ce que je ressens vraiment ?
  - Quelle est ma responsabilité ?

- **Le regard extérieur** : Imagine qu'un ami assiste à la scène. Que te dirait-il avec neutralité ?

- **La pause perceptive** : Apprends à ne rien dire pendant 3 secondes avant de répondre à une remarque piquante. Tu gagneras en clarté, en présence, et en intelligence relationnelle.

- **Le filtre de la bienveillance** : Essaie de présumer que l'autre ne cherche pas à te nuire. Il agit selon sa perception. Et cela suffit parfois à désamorcer un conflit intérieur.

La neutralité n'est pas froide. Elle est lucide. Et cette lucidité est un cadeau pour toi... et pour les autres.

> Jeu

Le miroir neutre

Prends une situation où tu as eu une forte réaction émotionnelle récemment.

....

Décris-la comme si tu étais une caméra de surveillance : sans jugement, sans ressenti, sans "je".

....
....
....

Réfléchis à la différence entre ce récit et ta version "émotionnelle".

-

<u>Objectif</u> : *apprendre à suspendre l'interprétation automatique.*

Jeu

Recul chronologique

<u>Objectif</u> : désamorcer un jugement intérieur ou une réaction à chaud par un changement de temporalité

Choisis une situation passée où tu as réagi trop vite ou trop fort.

....
....
....

Imagine ton "toi" de **dans 10 ans** qui revient et regarde cette scène.

Qu'aurait-il perçu que tu n'avais pas vu à ce moment-là ?

Réécris la scène selon ce nouveau regard, avec recul, sagesse, humour si besoin.

....
....
....

<u>Résultat</u> : tu crées de la lucidité émotionnelle et tu remets du sens là où il n'y avait que de la réaction.

QCM

"Sais-tu vraiment prendre du recul ?"

Réponds honnêtement :

<u>Quelqu'un te critique :</u>

A : Je me ferme ou j'explose (1 pt)
B : Je prends sur moi, mais ça me travaille (2 pts)
C : Je prends une pause, j'observe, j'analyse (3 pts)

<u>Une décision urgente arrive :</u>

A : Je fonce, j'ai pas le temps (1 pt)
B : J'hésite, mais je choisis à l'instinct (2 pts)
C : Je respire, je prends le temps de recul (3 pts)

<u>Tu te sens submergé.e :</u>

A : Je continue en mode automatique jusqu'à craquer (1 pt)
B : Je râle ou j'évacue avec quelqu'un (2 pts)
C : Je me coupe du flux, j'évalue la situation à froid (3 pts)

<u>3-4 pts</u> : Tu réagis souvent à chaud
<u>5-6 pts</u> : Tu cherches à temporiser, c'est déjà bien
<u>7-9 pts</u> : Le recul est ton super pouvoir

NOTES

NOTES

NOTES

CHAPITRE 5 : PERCEPTION, DÉVELOPPEMENT PERSONNEL ET PERFORMANCE

Partie 1 – Utiliser ta perception pour atteindre tes objectifs

Ta perception influence la manière dont tu te vois, dont tu vois les obstacles et dont tu abordes tes projets.
Elle peut être ton **meilleur allié** ou **ton plus grand frein**.

Quand tu perçois un obstacle comme une fatalité, tu bloques.

Quand tu le perçois comme un défi, tu avances.
Ton cerveau agit en fonction de la perception que tu crées.

« Si tu changes la manière dont tu regardes les choses, les choses que tu regardes changent. »
Wayne Dyer

Tu veux atteindre tes objectifs ?
Commence par observer comment tu les perçois.

- Est-ce que tu vois ton but comme atteignable ou lointain ?

- Est-ce que tu focalises sur ce qui manque ou sur ce que tu peux déjà mobiliser ?

- Est-ce que tu perçois tes erreurs comme des preuves d'échec ou comme des sources d'apprentissage ?

La perception te permet de changer ta posture.
Elle transforme ton énergie.
Elle aligne ton intention à ton action.
Et quand ton regard s'aligne avec ta volonté, tu avances plus vite, plus fort, plus consciemment.

Partie 2 – Comment une perception affinée booste ta prise de décision ?

Une bonne décision ne dépend pas seulement des informations disponibles.
Elle dépend de la clarté avec laquelle tu perçois la situation, les enjeux, les émotions en jeu, et les conséquences possibles.

« Voir clair, c'est décider juste. »

Quand ta perception est brouillée par le stress, la peur, les croyances limitantes ou les jugements, tu décides avec un filtre déformé.
Mais quand tu prends du recul, que tu poses les bonnes questions, que tu observes sans juger, tu retrouves ta boussole interne.

La perception affinée te permet de :

- Distinguer le fait de l'interprétation
- Voir les angles morts
- Évaluer avec plus de lucidité
- Saisir les signaux faibles
- Prendre des décisions alignées avec tes valeurs et non avec la pression

C'est un super pouvoir stratégique.
Et il est accessible à tous ceux qui cultivent leur conscience perceptive.

Partie 3 – Exemples inspirants :
Ils ont changé leur vie en changeant leur perception

Thomas, entrepreneur : Il pensait que son équipe ne l'écoutait jamais. Après un travail sur la perception, il a réalisé qu'il projetait sur eux son propre sentiment d'imposture.
En changeant son regard, il a changé sa posture. Et ses relations ont radicalement évolué.

Maria, mère de famille : Elle voyait son ado comme fermé, insolent, fuyant. Jusqu'au jour où elle a perçu son attitude comme un appel maladroit à l'écoute.
Elle a changé sa façon de dialoguer. Et la confiance est revenue.

Léo, manager : Persuadé que prendre soin de soi était une faiblesse, il s'épuisait.
En travaillant sa perception du repos, il a compris que l'énergie se gère comme un capital. Aujourd'hui, il inspire son équipe par sa clarté et sa sérénité.

Manon, étudiante : Convaincue qu'elle n'était pas faite pour parler en public, elle évitait toutes les prises de parole.
En revisitant cette perception, elle a découvert qu'elle avait juste peur de mal faire. Aujourd'hui, elle anime des ateliers.

<u>Ces histoires sont vraies</u>. Et elles montrent une chose : le plus grand changement ne vient pas toujours de l'extérieur… mais de la manière dont tu perçois ton monde intérieur.

Jeu

Décision alternative

<u>Objectif</u> : comprendre l'impact direct de ta perception sur ton parcours.

Repense à une décision importante de ta vie.
....
....

Qu'est-ce que tu percevais de la situation à ce moment-là ?
....
....

Imagine maintenant que tu avais perçu les choses différemment (ex : avec moins de peur, plus de confiance, plus de lucidité).

Quelle autre décision aurais-tu pu prendre ? Et avec quelles conséquences ?
....
....

<u>Résultat</u> : *tu prends conscience de la puissance transformante d'un simple changement de perception.*

Jeu

Mon GPS intérieur

<u>Objectif</u> : transformer ta perception d'un obstacle en donnée utile.

Note un objectif que tu poursuis actuellement.
....
....

Quel est l'obstacle que tu perçois ?
....
....

Reformule cet obstacle comme un message de ton cerveau (ex : « Tu n'as pas encore toutes les ressources », « Tu as peur d'être jugé »).
....
....

Reprogramme ta réponse mentale avec une nouvelle lecture plus aidante.

<u>Résultat</u> : *tu deviens stratège de ta propre carte mentale.*

QCM

"Ta perception te booste-t-elle ou te freine-t-elle ?"

Réponds honnêtement :

Un projet échoue :

A : J'ai échoué (1 pt)
B : C'est dur mais c'est l'expérience (2 pts)
C : Je vais ajuster ma lecture et revenir plus fort (3 pts)

Tu dois prendre la parole en public :

A : Je panique à l'idée de ce que les autres vont penser (1 pt)
B : Je gère, mais j'ai hâte que ce soit fini (2 pts)
C : J'y vais comme une opportunité de me connecter (3 pts)

On te dit "non" :

A : Je me sens rejeté (1 pt)
B : Je suis frustré, mais je comprends (2 pts)
C : J'y vois une invitation à explorer autre chose (3 pts)

3-4 pts : Tu te laisses souvent freiner par ton interprétation
5-6 pts : Tu es en chemin vers plus de puissance mentale
7-9 pts : Ta perception est un tremplin de croissance

NOTES

NOTES

NOTES

CHAPITRE 6 : COMMUNIQUER AVEC PERCEPTION

Partie 1 – Développe une communication empathique grâce à une perception affinée

Tu peux être un as du discours, un expert du langage...
si ta perception est floue, ta communication sera bancale.
La véritable communication commence par l'observation.

Quand tu perçois mieux l'état émotionnel de l'autre, ses réactions, ses signaux faibles, tu t'adaptes naturellement.
Tu crées un espace où l'autre se sent vu, compris, respecté.
Et c'est là que naît la vraie connexion.

« La communication, ce n'est pas ce que tu dis. C'est ce que l'autre comprend. »

Une communication empathique repose sur une perception claire :

- De toi-même (ton état intérieur)
- De l'autre (ses besoins implicites)
- Du contexte (les tensions ou leviers du moment)

Quand tu maîtrises ces trois plans, tu deviens magnétique. Impactant. Aligné. Et surtout... profondément humain.

Mais cette empathie consciente ne se décrète pas.
Elle se construit :

- En développant ton écoute active (voir Chapitre 3)
- En observant les réactions plus que les mots
- En te mettant dans les chaussures de l'autre avant de répondre
- En prenant quelques secondes de recul avant de réagir

Chaque fois que tu ajustes ta façon de parler à ce que tu perçois, tu crées du lien. Tu n'es plus dans une logique d'affirmation, mais de connexion.

Et quand tu fais ça avec sincérité, même les conversations difficiles deviennent fécondes.

Communiquer, ce n'est pas convaincre.
C'est co-comprendre.

Partie 2 – Les pièges de la perception en communication et comment les éviter

Même avec la meilleure intention du monde, ta communication peut tomber à côté si ta perception est biaisée. Et c'est là que se logent les grands pièges :

Tu crois que l'autre pense comme toi : Tu parles en fonction de ta logique, de tes priorités, de ton ressenti. Tu oublies que l'autre a ses propres filtres. Résultat : le message ne passe pas.

Tu interprètes à la place de l'autre : Au lieu d'écouter ce qui est dit, tu imagines ce que l'autre pense ou ressent. Et souvent... tu tombes à côté. Tu réagis à une fiction.

Tu laisses tes émotions brouiller le message : Si tu es stressé, agacé, vexé, ton ton change. Ton énergie parasite le message. Tu parles "à chaud", et l'autre reçoit surtout la forme... pas le fond.

Tu ne vérifies pas la réception : Tu crois que ce que tu dis est compris. Mais tu ne demandes jamais : "Qu'est-ce que tu en retiens ? Qu'est-ce que tu as compris ?"

La clarté relationnelle ne vient pas de celui qui parle... mais de celui qui écoute.

La solution à ces pièges ? Une perception active. Un regard conscient, affûté, bienveillant. Et des micro-ajustements dans ta façon de parler, d'écouter, de valider.

La bonne communication n'est pas un art réservé aux orateurs. C'est une danse. Et tu peux apprendre à la danser avec justesse.

Partie 3 – DISC en action : adapter ta communication à la perception de l'autre

Tu commences à connaitre la méthode DISC. Mais connais-tu la puissance de t'y adapter concrètement, dans tes conversations du quotidien ?

Adapter ta communication au DISC, ce n'est pas te travestir. C'est **respecter la manière** dont l'autre fonctionne, pour que ton message soit vraiment reçu.

Voici comment :

Si tu t'adresses à un profil D *(Dominant)* :

- Va droit au but.
- Évite les détails inutiles.
- Donne-lui un défi ou une autonomie.
- Ne prends pas mal son ton direct : ce n'est pas personnel.

Si tu parles à un profil I *(Influent)* :

- Sois chaleureux, enthousiaste.
- Laisse de la place à l'échange.
- Utilise l'humour, les images.
- Revalide souvent l'estime et la reconnaissance.

Pour un profil S *(Stable)* :

- Prends ton temps.
- Sois doux, rassurant.
- Explique les étapes avec clarté.
- Montre-lui que tu tiens compte des autres.

Et pour un profil C *(Conforme)* :

- Prépare tes arguments.
- Sois précis, structuré, factuel.
- Respecte son besoin de réflexion.
- Ne le force pas à improviser.

L'art de bien communiquer, c'est l'art **d'honorer la perception de l'autre**.

Quand tu t'adaptes, tu montres que tu respectes.
Que tu considères. Que tu observes. Et l'autre s'ouvre.
Il écoute. Il coopère.

Pas parce que tu l'as convaincu. Mais parce que **tu t'es ajusté à son monde**.

Jeu

Qui dit quoi ?

<u>Le but</u> : Associer des phrases à leur profil DISC probable. Tu t'entraînes à reconnaître le style de communication… juste avec une réplique !

Lis les 4 phrases suivantes et devine à quel profil elles correspondent : D / I / S / C

« Bon, on va à l'essentiel ? Donne-moi juste les grandes lignes. »
....

« Trop bien ton idée ! Attends, je te raconte ce que ça m'inspire ! »
....

« Tu sais que j'ai besoin de temps pour y réfléchir tranquillement. »
....

« Je veux juste que tout le monde soit bien. Tu crois que ça ira pour eux ? »
....

<u>Résultat</u> : 1: D - 2: I - 3: C - 4: S
<u>Objectif</u> : Mieux repérer les styles de tes interlocuteurs pour t'y adapter… comme un caméléon de la communication !

QCM

Le quiz spécial perception

Réponds honnêtement :

Quand tu sens que quelqu'un te comprend vraiment, tu te dis plutôt :

- ☐ Il/elle m'écoute sans vouloir répondre à tout prix
- ☐ Il/elle reformule exactement ce que je ressens
- ☐ Il/elle me pose des questions sans me juger
- ☐ Il/elle respecte mon silence autant que mes mots

Quand tu communiques, tu as tendance à :

- ☐ Aller droit au but, sans détour
- ☐ Mettre de l'ambiance et des métaphores
- ☐ Prendre ton temps et rassurer
- ☐ Choisir chaque mot avec précision

Quand une conversation part en vrille, tu :

- ☐ Réagis au quart de tour
- ☐ Essaies d'arrondir les angles
- ☐ Cherches à comprendre ce qui a blessé
- ☐ Te replonges dans les faits pour clarifier

- Majorité 1ère ligne : Tu es un(e) direct(e) mais tu gagnes à temporiser
- Majorité 2e ligne : Tu es un(e) enthousiaste, attention aux raccourcis
- Majorité 3e ligne : Tu es un(e) rassembleur(se), ta force c'est l'écoute
- Majorité 4e ligne : Tu es un(e) analytique, tu brilles par ta rigueur

NOTES

NOTES

NOTES

CHAPITRE 7 : DÉVELOPPER UN MINDSET DE PERCEPTION POSITIVE

Partie 1 – L'art de percevoir les opportunités plutôt que les obstacles

Tout commence par une question : que vois-tu en premier ?
Le problème... ou la possibilité ?

Ta perception détermine si tu vois un mur ou une porte. Un échec ou un apprentissage. Un obstacle ou un tremplin. Et cette capacité à voir le potentiel plutôt que le danger, ça s'appelle un **mindset de perception positive**.

« Ce n'est pas la réalité qui limite, c'est la manière dont on l'interprète. »

Un même événement peut être vécu comme :

- Une fermeture (si tu vois ce que tu perds)
- Une ouverture (si tu vois ce que tu peux créer)

Développer un mindset de perception positive, ce n'est pas nier les difficultés. C'est **refuser d'en faire ton seul filtre**. C'est décider d'élargir ton regard, de chercher l'opportunité cachée, l'apprentissage dissimulé.

C'est aussi une forme de responsabilité. Parce que tu ne peux pas toujours choisir ce qui t'arrive... mais tu peux choisir comment tu le perçois.
Et ce que tu perçois... tu finis par le créer.

Partie 2 – Cultiver la gratitude à travers une perception positive

La gratitude n'est pas une émotion naïve. C'est une discipline de perception. C'est l'entraînement à voir ce qui est là, ce qui fonctionne, ce qui te soutient.

Quand tu entraînes ton regard à remarquer le positif, tu changes ton état interne. Ton énergie change. Tes décisions changent. Ton rapport aux autres change.

« Ce à quoi tu donnes ton attention, grandit. »

<u>Exercice quotidien simple</u> : chaque soir, note 3 choses que tu as perçues comme des cadeaux dans ta journée.
Pas forcément des grandes choses. Un sourire. Un rayon de soleil. Un silence apaisant. Une micro-réussite. Entraîne ton œil à voir le beau dans le banal.

Petit à petit, tu reprogrammes ton cerveau. Tu renforces les connexions liées à la joie, la reconnaissance, la sérénité. Tu ne fais plus que survivre. Tu célèbres.

Et cette énergie-là est puissante. Elle attire. Elle inspire. Elle transforme ton quotidien.

Ce que tu choisis de voir finit par te définir.

Partie 3 – Entraînement quotidien pour transformer ta perception durablement

Voici un rituel simple pour ancrer ton mindset de perception positive :

Matin : <u>Intention perceptive</u>
En te levant, choisis une intention : « Aujourd'hui, je décide de voir les opportunités. »
Répète-la à voix haute, avec conviction. Ton cerveau va s'y aligner.

Midi : <u>Pause lucidité</u>
Au milieu de la journée, pose-toi 3 questions :
Qu'ai-je perçu de limitant aujourd'hui ?
Est-ce que c'était réel ou interprété ?
Comment pourrais-je le voir autrement ?

Soir : <u>Journal de perception</u>
Note 1 situation du jour où tu as changé de regard, ou que tu aurais pu voir autrement.
Puis, note 1 chose inattendue que tu as perçue comme positive.

À force de répétition, ton cerveau s'adapte. Il devient plus souple, plus créatif, plus optimiste. Et ta perception devient ton alliée.
Un mindset de perception positive, ce n'est pas un slogan. C'est un muscle mental à entraîner chaque jour, avec conscience et plaisir.

Jeu

Transformation perceptive

Note 3 situations que tu vis comme "négatives".

....
....
....

Pour chacune, force-toi à écrire 3 bénéfices cachés.

....
....
....

Demande-toi : quelle autre façon de les voir changerait mon émotion ?

....
....
....

<u>Résultat</u> : tu passes d'un mode "réaction" à un mode "création".

Jeu

Le filtre de gratitude

Pendant une journée entière :

Chaque fois que quelque chose te dérange, note-le.
....
....
....
....
....
....

Et écris juste après : "Et si c'était une chance pour... ?"
....
....
....
....
....
....

Note la différence de perception en fin de journée.
....
....
....
....
....
....

QCM

"Et toi, tu vois le verre à moitié… ?"

Réponds honnêtement :

<u>Tu arrives en retard à un rendez-vous :</u>

A : Je suis nul.le, c'est foutu (1 pt)
B : C'est pas cool, mais bon, ça arrive (2 pts)
C : Je vais transformer ça en opportunité de me reconnecter (3 pts)

<u>Tu perds un projet important :</u>

A : C'est la preuve que je n'y arriverai jamais (1 pt)
B : C'est dur, mais ce n'est pas la fin (2 pts)
C : Il y a forcément une nouvelle direction derrière ça (3 pts)

<u>Tu te sens fatigué.e un matin :</u>

A : Journée foutue (1 pt)
B : Je vais y aller doucement (2 pts)
C : C'est le moment d'écouter mon corps et d'ajuster mon rythme (3 pts)

<u>3-4 pts</u> : Ton filtre est souvent orienté vers ce qui manque
<u>5-6 pts</u> : Tu commences à réorienter ton regard
<u>7-9 pts</u> : Tu pratiques déjà une perception expansive

NOTES

NOTES

NOTES

CHAPITRE 8 : ALLER PLUS LOIN : PERCEPTION ET UNIVERS DU DÉVELOPPEMENT PERSONNEL

Partie 1 - DISC, MBTI, Insight, Big Five : Comment ces outils affinent-ils ta perception ?

Chaque outil de profilage de personnalité est comme une carte. Une manière de lire le territoire humain. Et plus tu maîtrises de cartes, plus tu affines ta perception des comportements, des réactions, des besoins cachés.

« Mieux tu connais les autres, mieux tu sais communiquer. Mieux tu te connais, plus tu vis en paix. »

Voici une brève synthèse de ce que chaque outil t'apporte :

DISC – Comportement observable en situation
T'aide à percevoir les réactions spontanées
Met en lumière les besoins de base : sécurité, stimulation, structure, résultats
Te permet d'adapter ton attitude à l'autre

MBTI – Fonctionnement mental et préférences cognitives
T'invite à observer comment une personne traite l'information
Te montre où elle puise son énergie (introversion/extraversion)
Révèle des dynamiques d'équipe et de complémentarité

Insight – <u>Méta-perception et intelligence relationnelle</u>
Combine comportement et attitude intérieure
Met l'accent sur la conscience de soi et des autres
T'aide à comprendre les tensions relationnelles récurrentes

Big Five – <u>Traits de personnalité scientifiques</u>
T'offre une lecture neutre et validée scientifiquement
Affine ta perception des nuances de personnalité (ouverture, conscience, extraversion, etc.)
Dédramatise les différences : il n'y a pas un bon profil, il y a des profils adaptés à un contexte

Ennéagramme – <u>Mécanismes de défense et motivations profondes</u>
T'aide à comprendre ce qui motive réellement une personne
Met en lumière les peurs inconscientes et les besoins fondamentaux
Révèle les schémas automatiques de pensée et de comportement
T'accompagne vers un chemin d'évolution personnelle

Business Chemistry – <u>Types de collaborateurs en contexte pro</u>
T'aide à mieux collaborer selon les préférences professionnelles
Identifie 4 types : Pionnier, Intégrateur, Gardien, Conducteur
Met en lumière les styles de communication et de décision
Facilite les synergies et la gestion des tensions en entreprise

Tempéraments d'Hippocrate – <u>Typologie antique et intuitive</u>
T'aide à repérer rapidement les comportements dominants
Classifie les personnes en : Sanguin, Mélancolique, Flegmatique, Colérique
Met en lumière les tendances naturelles et la manière d'interagir
Facilite l'adaptation de ta posture dans la relation

StrengthsFinder *(CliftonStrengths)* – <u>Talents naturels</u>
T'aide à identifier tes zones d'excellence innées
Met en lumière tes 5 talents dominants parmi 34
Te permet de capitaliser sur ce que tu fais naturellement bien
Renforce la confiance et la performance individuelle et collective

PNL *(Programmation Neuro-Linguistique)* – <u>Styles de perception et schémas mentaux</u>
T'aide à repérer comment une personne se représente le monde
Met en lumière les canaux sensoriels dominants (visuel, auditif, kinesthésique)
T'enseigne comment influencer sans manipuler, en respectant le cadre de référence de l'autre
Ouvre des portes pour reprogrammer des automatismes limitants

Et plein d'autres !

Tous ces outils ne sont pas là pour te ranger dans une case. Ils sont là pour t'apprendre à **voir plus finement, plus justement, plus humainement.**

Partie 2 – Guide pratique : créer ton propre chemin de perception

Voici une méthode en 5 étapes pour développer un chemin de perception qui t'est propre, sur mesure, durable.

1. Identifie tes filtres dominants

Qu'est-ce qui biaise le plus souvent ta lecture du monde ?
- Le jugement ?
- L'impatience ?
- La peur du rejet ?
- L'envie de contrôler ?

2. Cartographie tes angles morts

Note 3 domaines de ta vie où tu as souvent des malentendus.
....
....
....
....
....
....

Quels sont les profils ou situations qui te "résistent" ?
....
....
....
....
....
....

3. Crée une routine perceptive

Chaque semaine, choisis 1 situation à observer différemment.
Applique un filtre DISC, un exercice d'écoute active, ou une reformulation.
Note ce que ça change.

4. Fais un feedback miroir

Demande à 2 personnes de confiance :

- Dans quelles situations tu sembles mal percevoir ?
- Comment eux perçoivent ta manière d'interagir ?

5. Formalise ton engagement

Crée une charte personnelle :

« Je m'engage à percevoir... avec clarté, bienveillance et curiosité. »
« Je m'entraîne à voir... ce qui est là, pas ce que je redoute. »

Tu viens de créer ton propre dojo intérieur.
Ton espace de transformation.
Tu n'es plus spectateur du réel.

Tu es sculpteur de perception.

Retrouve des feuilles de note en fin de chapitre

| Astuce |

Jeu

Profiloscope

<u>Objectif</u> : explorer comment différents outils influencent ta perception.

Prends 3 outils de développement personnel que tu connais (ex : DISC, MBTI, Ennéagramme, Big Five...).

Pour chacun, note :

Ce qu'il t'a fait percevoir de toi
....
....

Ce qu'il t'a fait percevoir des autres
....
....

Ce que ça a changé dans ta vie ou tes relations
....
....

Compare : quels outils ont le plus modifié ta perception ? Et pourquoi ?
....
....
....

<u>Résultat</u> : tu deviens conscient de l'impact que chaque "grille de lecture" a sur ta manière de voir le monde.

Jeu

Les lunettes croisées

<u>Objectif</u> : tester plusieurs filtres de perception sur une même situation.

Choisis une situation récente (pro, perso, relationnelle).

Décris-la d'abord :

Avec les lunettes DISC (selon un D, un I, un S, un C)
....
....
....

Puis avec le prisme MBTI (ex. introverti vs extraverti)
....
....
....

Puis à travers l'ennéagramme (ex. peur dominante, besoin fondamental)
....
....
....

Résume ce que chaque regard t'apporte… et te fait peut-être louper aussi.

<u>Résultat</u> : *tu développes une vision "multidimensionnelle" de la réalité, et tu évites de te figer dans un seul modèle.*

QCM

"Quel explorateur de perception es-tu ?"

Réponds honnêtement :

<u>Quand tu découvres un nouvel outil de développement personnel, tu :</u>
A : Doutes et restes sceptique (1 pt)
B : Essaies de comprendre le fonctionnement (2 pts)
C : T'amuses à voir ce que ça peut t'apprendre (3 pts)

<u>Tu entends une description de profil (ex : "introverti logique") :</u>
A. : Je ne rentre jamais dans les cases (1 pt)
B : Je compare avec ce que je connais déjà (2 pts)
C : Je teste en me demandant : "Et si c'était vrai pour moi ?" (3 pts)

<u>Tu rencontres quelqu'un qui pense très différemment de toi :</u>
A : Tu ressens de la méfiance ou du rejet (1 pt)
B : Tu essaies de comprendre son raisonnement (2 pts)
C : Tu te demandes avec curiosité ce qui a façonné sa perception (3 pts)

<u>3-4 pts</u> : Tu explores avec prudence, mais tu restes sur ton rivage
<u>5-6 pts</u> : Tu es un randonneur de la perception
<u>7-9 pts</u> : Tu es un explorateur interdimensionnel du monde intérieur

NOTES

NOTES

NOTES

CONCLUSION : Ce que la maîtrise de ta perception peut vraiment t'apporter

Tu es arrivé au bout de ce voyage.
Et pourtant... ce n'est que le début.

En lisant ce livre, tu n'as pas seulement découvert ce qu'est la perception. Tu as exploré comment elle fonctionne, comment elle t'influence, comment tu peux la muscler, l'éclairer, la transformer.

Tu sais maintenant que ta perception :
- Façonne ton rapport à toi-même et aux autres
- Influence tes émotions, tes choix, ta communication
- Conditionne ta réussite, ton bien-être, ta relation au monde

Mais surtout... tu sais que ta perception n'est pas figée. Qu'elle peut évoluer. Se déprogrammer. Se rééduquer. S'affiner. Et s'aligner avec la personne que tu veux devenir.

Ce n'est pas la réalité qui change... c'est ton regard. Et c'est ce regard qui crée ta réalité.

Tu n'es plus esclave de tes automatismes mentaux. Tu n'es plus prisonnier de tes jugements hâtifs. Tu es devenu un explorateur de ton monde intérieur. Un observateur lucide. Un sculpteur d'interprétation.

Et plus tu progresses sur ce chemin, plus tu ouvres d'espace :

- D'espace émotionnel pour accueillir les autres sans te perdre
- D'espace mental pour prendre des décisions justes
- D'espace relationnel pour communiquer en profondeur

Alors continue. Observe, questionne, ressens. Ralentis. Reviens à l'essentiel. Et rappelle-toi cette vérité simple : **Celui qui change sa perception... change sa vie.**

Tu as maintenant les outils. Les repères. Les jeux. Les défis. Tu peux les pratiquer, les adapter, les transmettre.

Et si un jour tu doutes, relis cette promesse :

« Je ne cherche pas à avoir raison.
Je cherche à voir plus juste. »

Merci d'avoir marché ce chemin avec moi. Et à très bientôt... pour un nouveau regard.

Alors dis moi... un livre sans numéro de page ... perturbant ?

Comment était ta perception face au manque de cet élément ?

Et maintenant, on continue ?

Tu as exploré ton fonctionnement. Tu as découvert des outils, des ponts, des connexions.
Mais ce n'est que le début.

Ce QR code est ton prochain pas.

Scanne-le et choisis la suite de ton chemin.

Ce que tu y trouveras :
- Des ressources exclusives
- Des vidéos où je t'accompagne personnellement
- Des fiches pratiques pour passer à l'action
- Des bonus pour aller encore plus loin dans la connaissance de soi
- Peut-être même un petit défi... juste pour toi.

Parce que les ponts ne servent à rien si tu n'oses pas les traverser.

Et si tu poursuivais l'aventure ?

Découvre les autres ouvrages de ma collection

Tu as aimé explorer les ponts de la connaissance de soi ?
Voici d'autres livres qui t'emmèneront encore plus loin, chacun à sa manière.

Mindset & Développement Personnel

Les ponts de la connaissance de soi
➤ Tu penses connaitre LE meilleur outils ? laisse moi te montrer leurs connexions.

"Le Dev' perso c'est bien, en jouant c'est mieux"
➤ Jeux, QCM, défis de perception et fiches pratiques

"Ta meilleure version : 21 jours pour changer ton état d'esprit"
➤ Un programme pratique sur 3 semaines, avec une leçon et un exercice par jour.

"Petits déclics pour grands changements"
➤ Un recueil de micro-histoires et métaphores sur la perception, les croyances et le changement.

"Le mindset des gens qui ne lâchent rien"
➤ Étude des traits communs chez les personnes résilientes avec des conseils applicables.

"Pensées puissantes du matin"
➤ Une page par jour avec citation + réflexion + challenge rapide (format journal quotidien).

"L'art de se recentrer : techniques simples pour rester aligné au quotidien"
➤ Respiration, rituels, ancrage, pleine conscience, etc.

Vie Quotidienne & Productivité

"Moins mais mieux : 33 hacks pour simplifier ton quotidien"
➤ Organisation, gestion mentale, digital detox, routines minimalistes.

"Le carnet du temps retrouvé"
➤ Un journal guidé pour réconcilier ses envies et son emploi du temps.

"Ton année en 12 défis"
➤ Chaque mois, un nouveau défi autour d'un thème (productivité, bien-être, relations, etc.).

"Reprendre le pouvoir sur son énergie"
➤ Chronobiologie, alimentation, sommeil, pauses actives... structuré par partie de journée.

"Petit manuel anti-procrastination"
➤ Méthodes, neurosciences, astuces ludiques pour passer à l'action facilement.

Relations, émotions & introspection

"J'apprends à m'aimer (enfin)"
➤ Un guide introspectif, doux, axé sur l'estime de soi, l'auto-soutien et les blessures anciennes.

"Les 7 langages de l'amitié"
➤ Inspiré des langages de l'amour mais appliqué à l'amitié : une approche originale.

"Émotions : ton super-pouvoir mal compris"
➤ Décryptage ludique et pédagogique des émotions avec jeux d'introspection.

"100 questions à se poser pour se (re)découvrir"
➤ Livre interactif, orienté journal d'introspection, avec espaces à compléter.

"Apprivoiser la solitude sans se sentir seul"
➤ Poétique et pratique, sur la solitude choisie et la qualité de présence à soi.

Spécial thématiques atypiques

"Le stoïcisme au service de ta vie moderne"
➤ Philosophie pratique à la sauce 2025 : attentes, contrariétés, contrôle émotionnel.

"Petites révolutions intérieures"
➤ 12 chapitres autour de prises de conscience qui ont changé des vies (témoignages + pistes d'action).

"Ton journal de gratitude inversée"
➤ Journal guidé pour faire la paix avec ce qui ne va pas, et en tirer du positif.

"Une année pour devenir inarrêtable"
➤ 52 chapitres courts (1 par semaine) pour construire une mentalité de feu.

"Le pouvoir caché des habitudes invisibles"
➤ Focus sur les micro-habitudes qui façonnent la vie sans qu'on s'en rende compte.

NOTES

NOTES

NOTES

NOTES

NOTES